I^{27}_n
29256

PARAULO
DE J. ROUMANILLE

PROUNOUNCIADO A LA FÈSTO

DE JAN REBOUL

A NIMES

— *17 de mai 1876* —

PAROLES
DE J. ROUMANILLE

PRONONCÉES A LA FÊTE

DE JEAN REBOUL

A NIMES

— 17 mai 1876 —

MM.

En me counvidant courtesamen à prendre la paraulo dins uno fèsto tant soulènno e davans un tal auditòri, lou proumié Magistrat de la noblo ciéuta de Nimes m'a fa certo bèl ounour. N'en siéu pertouca e tout esmougu. Dóu founs de moun cor, gramaci !

Pèr parla dóu grand Crestian e dóu pouëto valènt, enfant de Nimes qu'entarrerias coume un rèi e que vuei tratas coume un diéu, aurié pouscu se chausi un felibre mies que iéu emparaula ; mai me pèrdounarés de crèire qu'an agu bono man, s'an vougu chausi aquéu que t'a lou mai ama e amira, o Jan Reboul, moun ami e moun mèstre !

Li dre qu'ai à vosto graciouso benvoulènco, — e la reclame, MM, — lis atrove tóuti dins aquel amour e aquelo amiracioun.

Un Pountife elouquènt, tant digne d'oucupa lou sèti glourious de Missegne Fléchier e Plantier, adematin, dins sa Catedralo, a enaura, coume amerito de l'èstre, lou vièi Rouman Jan Reboul, fiéu pious e aparaire de la santo Glèiso. De bouco d'or, la de vosto

MM.

En m'invitant courtoisement à prendre la parole dans une fête si solennelle et devant un pareil auditoire, le premier Magistrat de la noble cité de Nîmes m'a fait, certes, grand honneur. J'en suis touché et tout ému. Du fond de mon cœur, je l'en remercie.

Pour parler du grand Chrétien et du poëte vaillant, enfant de Nîmes que vous avez inhumé comme un roi et que vous traitez aujourd'hui comme un dieu, on aurait pu choisir un félibre mieux doué que moi pour la parole ; mais vous me pardonnerez de croire qu'on a eu la main heureuse, si l'on a voulu choisir celui qui t'a le plus aimé et le plus admiré, ô Jean Reboul, mon ami et mon maître !

Les droits que j'ai à votre gracieuse bienveillance, — et je la réclame, MM, — je les trouve tous dans cet amour et cette admiration.

Un Pontife éloquent, si digne d'occuper le siége glorieux de Messeigneurs Fléchier et Plantier, a, ce matin, dans sa Cathédrale, exalté comme il mérite de l'être le vieux Romain Jean Reboul, fils pieux et défenseur de la sainte Église. Des bouches d'or, celle proumié Magistrat e la dóu Presidènt de vosto lusènto Acadèmi, vènon de vous dire, em' autourita, ço qu'es esta, tant que Diéu nous l'a garda sus terro, voste ilustre counciéutadin Jan Reboul ; vous an di la fe dóu Crestian, l'ounour de l'ome, la glòri dóu pouëto.

Aquéu Reboul d'aqui, d'abord « engèni dins l'escur », e subran engèni en plen lum ; l'autour de tant d'obro enaussant lis amo vers lou verai, lou bèu e lou bèn, vers Diéu ; lou cantaire fidèu, assoulaire de l'eisil reiau ; l'ami di mai umble e di pus grand ; aquéu Reboul, toujour plen de vido emai fugue mort, — tout lou mounde lou counèis, e l'oublidaran jamai. L'an aclama e l'an mes dintre lis esperit majourau, despièi qu'en 1828, veguè, dins un pantai celestin, un ange de Diéu descèndre d'apereilamount, se miraia dins un brès, e pièi, divin laire, empourta peramoundaut, à la brasseto, toun ùrous enfantet, o pauro maire !

Oh ! mai, sabèn un autre Jan Reboul, qu'es veritablamen pas proun couneigu, e que pòu pas trop l'èstre. Es pas lou Reboul qu'escrivié coume un mèstre la fièro lengo de nosto maire Franço, — qu'aprenguè, — e que me permetrés de nouma sa lengo di bèu dimenche : — es aquéu qu'escrivié e parlavo coume un felibre sa galanto lengo di jour-oubrant, nosto lengo melicouso, MM, e que sabié coume un roussignòu saup sa cansoun.

E vaqui lou Reboul que me vai èstre un delice de faire counèisse à n'-aquéli que l'ignourarien, noste brave Reboul prouvençau, qu'emé lou la de sa maire tetè l'amour de la lengo d'O, e que, de segur, parlavo pas francés, enfant, au fougau dóu sarraié Glaude, soun paire, e, ome fa, bèu travaiaire, dins sa boutigo, quand atubavo soun four o qu'enfournavo soun pan.

L'amavo, sa lengo d'O ! l'amavo tant que, de fes, à soun dire, semblavo avé quàsi regrèt, — lou bèl ingrat ! — de pas i'èstre esta fidèu, de pas l'avé visto rede votre premier Magistrat et celle du Président de votre brillante Académie, viennent de vous dire avec autorité ce qu'a été, tant que Dieu nous l'a gardé sur terre, votre illustre concitoyen Jean Reboul ; ils vous ont dit la foi du chrétien, l'honneur de l'homme, la gloire du poëte.

Ce Reboul-là, d'abord *Génie dans l'obscurité*, et soudain génie en pleine lumière ; l'auteur de tant d'œuvres élevant les âmes vers le vrai, le beau et le bien, vers Dieu ; le chanteur fidèle, consolateur de l'exil royal; l'ami des plus humbles et des plus grands; ce Reboul, plein de vie quoiqu'il soit mort, tout le monde le connaît et l'on ne l'oubliera jamais. On l'a acclamé et classé parmi les intelligences les plus hautes, depuis que, en 1828, il vit, dans un rêve céleste, un ange de Dieu descendre des hauteurs, se mirer dans un berceau, et puis, divin ravisseur, emporter là-haut, dans ses bras, ton heureux petit enfant, ô pauvre mère !

Mais nous connaissons un autre Jean Reboul, qui n'est véritablement pas assez connu, et qui ne saurait trop l'être. Ce n'est point le Reboul qui écrivait comme un maître la fière langue de la France, notre mère, — qu'il apprit, — et que vous me permettrez d'appeler sa langue des beaux dimanches : c'est celui qui parlait et écrivait comme un félibre sa jolie langue des jours ouvrables, notre langue de miel, MM, et qu'il savait comme un rossignol sait sa chanson.

Et voilà ce Reboul qu'il va m'être un délice de faire connaître à ceux qui l'ignoreraient, notre brave Reboul provençal, qui téta avec le lait de sa mère l'amour de la langue d'Oc, et qui, assurément, ne parlait pas français, enfant, au foyer du serrurier Claude, son père, et homme fait, beau travailleur, dans sa boutique, quand il allumait son four ou qu'il enfournait son pain.

Il l'aimait, sa langue d'Oc ! il l'aimait tant que, parfois, à l'ouïr parler, il semblait avoir presque le regret — le bel ingrat ! — de ne pas lui être resté fidèle, naisse e reflouri en 1828, quand, coume nous l'a di, de si lagremo espeliguè soun engèni. Fau bèn que fugue un pau ansin, MM, pèr que nous ague di, en risènt d'aquéu rire fin que i'anavo tant bèn sus li bouco :

>   ..... Puis le français trop compassé,
>   Et gèné dans sa belle mise,
>   Ressemble au visage enchâssé
>   Entre deux grands cols de chemise.

E pièi, eiçò mai :

>   ..... A-t-il le droit d'être insolent ?
>   Le troubadour fit le trouvère.
>   Ce n'est qu'un nouvel opulent
>   Qui ne reconnaît plus son père.

L'amavo sa lengo d'O ! Tambèn, tout-bèu-just lusissié l'aubo de nosto urouso Reneissènço, l'atrouvère, un jour, qu'espinchavo galoi si proumié rai, e qu'aliscavo, afouga coume un jouvènt de vint an, la Poulejo, uno fablo. — « Sus si geinoul, » coume disié, venié de n'escriéure la mouralo :

>   Quant de refourmaire d'abus
>   Que rèn countentavo qu'à miejo,
>   Après èstre engreissa coume nosto poulejo,
>   Oublidon lis ami que soun resta de gus,
>   E que, fague de vènt, de sourèl o de plueje,
>   Trovon que tout vai bèn, e roundinon pas plus !

Dison que li paret an d'auriho. Ah ! se, coume an d'auriho, avien uno lengo e parlavon, — li paret dóu legendàri chambroun de Jan Reboul, soun soulas, soun refuge e soun ouratòri, qu'an vesita tante di mai ilustre pelegre di bèu e grands art, — se parlavon ! e se disien tout ço que nous cantavo e nous countavo aqui lou Felibre dóu maset, dins sa lengo naturalo, e se l'ausias, n'en sarias mereviha, MM, e n'aurias pas proun de man pèr aplaudi.

Tout acò sara pas perdu. Sabèn que lou tresor es rejoun.

de ne pas l'avoir vue renaître et refleurir vers 1828, quand, ainsi qu'il nous l'a dit, ses larmes firent éclore son génie. Il faut bien qu'il en soit un peu ainsi, MM. pour qu'il nous ait dit, en souriant de ce fin sourire qui seyait si bien à ses lèvres :

> ... Puis, le français, trop compassé,
> Et gêné dans sa belle mise,
> Ressemble au visage enchâssé
> Entre deux grands cols de chemise...

Et puis, ceci encore :

> ... A-t-il le droit d'être insolent ?
> Le troubadour fit le trouvère ;
> Ce n'est qu'un nouvel opulent
> Qui ne reconnaît plus son père...

Il l'aimait, sa langue d'Oc ! Aussi, tout juste luisait l'aube de notre heureuse Renaissance, je le trouvai, un jour, épiant joyeux ses premiers rayons, et agençant, avec l'entrain d'un jeune homme de vingt ans, *la Poulie*, une fable ! — « Sur ses genoux, » comme il disait, il venait d'en écrire la morale :

Combien de réformateurs d'abus — que rien ne contentait qu'à demi, — après avoir été engraissés, comme notre poulie, — oublient les amis qui sont restés pauvres, — et, que vente le vent, qu'il fasse soleil ou qu'il pleuve, — trouvent que tout va bien et ne se plaignent plus !

On dit que les murs ont des oreilles. Ah ! si, comme ils ont des oreilles, ils avaient une langue et parlaient, — les murs de la légendaire chambrette de Jean Reboul, son soulas, son refuge, son oratoire, qu'ont visité tant d'illustres pèlerins des beaux et grands arts, — s'ils parlaient ! et disaient tout ce que nous chantait et nous contait là le félibre du *maset*, et si vous l'entendiez, vous en seriez émerveillés, MM, et vous n'auriez pas assez de mains pour applaudir.

Tout cela ne sera point perdu. Le trésor est serré.

Vesès ! Jan Reboul èro naturalamen trop crestian, trop veritable ami dóu pople ; avié trop founs dins soun pitre l'amour de sa terro natalo ; avié trop la fe di rèire ; èro trop desoula de vèire qu'emé la lengo, li mour e lis us di vièi, s'enanavon uno-acha-uno lis antiqui vertu dóu fougau ; èro trop liuen de Paris, e, dins la Carretarié, trop proche dis Areno roumano, pèr pas èstre nostre e pas èstre emé nautre. Sabe, e vole dire coume i'agradèron e coume acouragè li jóuini voues freirenalo que cantavon à soun entour, dins la lengo dóu pople e pèr lou bèn dóu pople, tout ço qu'èro lou pan de toun cor, o Reboul ! li sàntis afecioun de toun amo : toun Diéu, ti crèire, noste bèu païs e soun grand soulèu.

Èro l'an de Diéu 1852. Nous acamperian tóuti pèr canta Betelèn, Jèsu, Marié, Jóusè, e li pastre, e l'estello, e li rèi. *Nouvè ! Nouvè ! sus la museto !* Di quatre caire de nosto terro souleiouso venguèron li cantaire cresènt, venguèron afeciouna. Quau, me dirés, bateguè la mesuro pèr que lou Cor anèsse coume se dèu ? Lou Mèstre, Jan Reboul. Ausès-lou :

> Je revis, mon bon Roumanille,
> Au sein de mon humble famille ;
> A cette veille de Noël
> Où l'Église, ouvrant ses entrailles
> Pour ses plus coupables ouailles,
> Met un sourire dans le ciel......
> Doux revenants de mes pensées,
> Je bénis les voix cadencées
> Qui vous rendent à mes amours.....

A parti d'aqui, voulounta-dire à la primo aubo, emé nautre vouguè resta, coume un paire emé sis enfant, coume un mèstre emé si disciple. E nous dounavo d'alen e de counsèu, de voio e de vanc. Aquel an meme, en Arle, au proumié Coungrès prouvençau,

Voyez-vous ! Jean Reboul était naturellement trop chrétien, trop véritable ami du peuple ; il avait trop profondément au cœur l'amour de sa terre natale ; il avait trop la foi des aieux ; il était trop désolé de voir qu'avec la langue, les mœurs et les us des anciens, s'en allaient une à une les antiques vertus du foyer ; il était trop loin de Paris, et, dans la rue Carréterie, trop près des Arènes romaines, pour ne pas être nôtre et ne pas être avec nous. Je sais et je veux dire combien lui plurent et comme il encouragea les jeunes voix fraternelles qui chantaient autour de lui, dans la langue du peuple et pour le bien du peuple, tout ce qui était le pain de ton cœur, ô Reboul, les saintes affections de ton âme : ton Dieu, tes croyances, notre beau pays et son grand soleil.

C'était en l'an de Dieu 1852. Nous nous réunîmes tous pour chanter Bethléem, Jésus, Marie, Joseph, et les pâtres, et l'étoile, et les rois. *Noël! noël! sur la musette!* Des quatre coins de notre terre ensoleillée vinrent les chanteurs croyants, vinrent empressés. Qui, me direz-vous, battit la mesure pour que le chœur allât comme il faut ?—Le Maître, Jean Reboul. Entendez-le :

> Je revis, mon bon Roumanille,
> A cette fête de famille ;
> A cette veille de Noël
> Où l'Église, ouvrant ses entrailles
> Pour ses plus coupables ouailles,
> Mét un sourire dans le ciel....
> Doux revenants de mes pensées,
> Je bénis les voix cadencées
> Qui vous rendent à mes amours....

A partir de là, c'est-à-dire dès l'aube, avec nous il voulut rester, et il nous donnait du souffle et des conseils, de l'entrain et de l'élan. Cette année même, en Arles, au premier Congrès provençal, quelle

queto voues fuguè piousamen escoutado e saludado
em' estrambord ? — La voues de noste Jan Reboul,
que nous diguè, en puro lengo d'O : « Siegon de fèsto
« vòsti lucho ! que li rivau fugon d'ami ! Aquéu qu'a
« fa lou cèu, a fa lou de noste bèu païs tant grand e
« tant blu que i'a de large pèr tóuti lis estello. »

E quand Louis Roumieux e soun ami Bigot, fraire
bessoun e fiéu de Nimes, (adeja l'avèn di, e saubriéu pas
mies lou dire), acampavon li gènt à soun entour, e
que tóuti picavon di man, gràndi damo e bourga-
diero, rachalan e gros moussu, quento ardour e
quento flamado ! Mèste Jan Reboul empuravo lou
fio, e lou boufavo quand n'èro de besoun ; e tant
ie prenguè goust que la lengo ie prusiguè, e que
cantè, felibre proumieren, la cabaneto de sa vigno, sa
gaio *Capitello*, cansoun que gatiho lou cor coume un
flo de vin de Tavèu.

Quau counèis pas soun Mèste Mathiéu ? Èro un ome
coume n'i'a gaire ! un ome estrange ! Pensas vèire :

    De tout lou bèn que se soureio
    Desiravo pas que lou siéu !

    Manjant de blad, manjant de seio,
    Avie fa soun nis fléu à fléu !

    Sage en amour, coume l'abiho
    Prenié que dóu mèu qu'èro siéu !

    Di man de la Franço à la peio,
    S'èro fa jamai un estriéu !

E pièi quand, lou 12 de Mai 1859, veguèron Mirèio
à Nimes, dins lou nouvelun de sa jouvènço e de sa
bèuta, Jan Reboul fuguè lèu amourous de la bello
Arlatenco. La saludè lou proumié, lou proumié la
courounè. L'amè coume se l'avié facho. Lou vese en-
caro, me sèmblo, alègre e tresanant, entre sis ami
A. Demians e lou sant prèire qu'es vuei l'evesque ama

voix fut pieusement écoutée et saluée avec enthousiasme? La voix de notre Jean Reboul, qui nous dit en pure langue d'Oc: « Que vos luttes soient des fêtes ! « que les rivaux soient des amis ! Celui qui a fait les « cieux, a fait le ciel de notre beau pays si grand et si « bleu qu'il y a de l'espace pour toutes les étoiles. »

Et quand Louis Roumieux et son ami Bigot, frères jumeaux et fils de Nîmes, (nous l'avons dit, et je ne saurais mieux le dire), rassemblaient le monde autour d'eux, et que tous battaient des mains, grandes dames et femmes des bourgades, paysans et beaux messieurs, quelle ardeur et quelle flamme ! Maître Jean Reboul attisait le feu, et le soufflait au besoin. Tant il y prit goût que la langue lui démangea, et que, déjà félibre, il chanta la petite cabane de sa vigne, sa gaie *Capitello*, chanson qui chatouille le cœur comme le vin de Tavel.

Qui ne connaît pas son *Maître Matthieu*? C'était un homme comme il y en a guère ! un homme étrange ! Pensez donc :

De tout le bien qui s'étale au soleil, — il ne désirait que le sien !

Mangeant du blé, mangeant du seigle — il avait fait son nid brin à brin !

Sage en amour, comme l'abeille, — il ne prenait que le miel lui appartenant !

Des maux de la France au pillage — il ne s'était jamais fait un étrier !....

Et puis quand, le 12 mai 1859, on vit Mireille à Nîmes dans la fraîcheur de sa jeunesse et de sa beauté, Jean Reboul fut vite amoureux de la belle Arlesienne. Il la salua le premier, — le premier il la couronna. Il l'aima comme s'il en était le père. Je crois le voir encore, ivre de joie, entre ses amis A. Demians et le saint prêtre qui est aujourd'hui l'évêque aimé de de la Glèiso de Mount-pelié, lou vese, dins aquéu festin triounflau de l'*Assomption*, ounte tant de cor generous s'espandiguèron, aubouro sa leialo tèsto blanco, e de lagremo e de rai dins lis iue, uno man sus soun cor, e de l'autro aussant lou vèire, l'ause que dis : « Brinde « à Mirèio, lou pu bèu mirau ounte jamai la Prou- « vènço se fugue miraiado. »

Finalamen, lou 18 de Desèmbre 1862, tant proche, pecaire ! de la mort que nous l'anavo rauba, nous vouguè benesi, e nous escriguè aquésti paraulo memo : « Avès planta l'aubre felibren. Velaqui que crèis e « que grandis, e que si branco van enjusqu'en Cata- « lougno. Que lis aigo de Diéu abéuron longo-mai si « racino, e longo-mai lis aucèu canton dins si branco ! « — Ai ! ai ! ai ! trop de causo soun morto o moron « dins nosto pauro Franço, pèr que nous faguè pas « gau de vèire ressuscita noste vièi gai-sabé.... »

Tau fuguè pèr nautre Jan Reboul, despièi 1851 enjusqu'à l'ouro amaro de l'angòni, ounte, dins lis entrelusido que Diéu ie leissavo, disié, parlant pèr la darriero fes la douço lengo de soun brès : « Ai pas vougu taca moun amo ! »

MM, sènte que moun cor es trahi pèr ma paraulo, que ma paraulo refrejo sus mi bouco ço que tant me caufo lou cor.

O Jan Reboul, douge an fuguères eiçavau noste ami e noste paire, nosto ajudo, noste counsèu e noste eisèmple ; douge an, emé tu e te venerant, avèn camina sus toun camin, qu'es lou dre camin ; d'ounte sies aro emé toun Ange, que t'es vengu quèrre ; dintre la glòri veritablo, courouno de ta fe, qu'a jamai fali, — de ta carita, qu'a brula de-longo, — de toun espèro, qu'a jamai cala ; dins lou ravimen eterne, qu'a dins tis obro tant de bèu reba, e que pressentiés e desiraves pèr te manteni dins la verita, dins ta forço,

Montpellier, je le vois dans ce festin triomphal de *l'Assomption*, où tant de cœurs généreux s'épanouirent, — relever sa loyale tête blanche, et les yeux pleins de rayons et de larmes, une main sur son cœur, et de l'autre haussant le verre, je l'entends dire :
« Je bois à Mireille, le plus beau miroir où la Pro-
« vence se soit jamais mirée ! »

Enfin, le 18 Décembre 1862, si près, hélas ! de la mort qui allait nous le ravir, il voulut nous bénir, et nous écrivit ces paroles mêmes : « Vous
« avez planté l'arbre *felibren*. Et voilà qu'il croît et
« qu'il grandit, et que ses branches s'étendent jus-
« qu'en Catalogne. Que les eaux de Dieu abreuvent
« ses racines à jamais, et puissent les oiseaux chanter
« à jamais dans ses branches ! Hélas ! hélas ! trop de
« choses sont mortes ou meurent dans notre pauvre
« France, pour ne pas nous réjouir en voyant la ré-
« surrection de notre vieux gai-savoir. »

Tel fut pour nous Jean Reboul, depuis 1851 jusqu'à l'heure amère de l'agonie, où, dans les entre-lueurs que Dieu lui laissait, il disait, parlant pour la dernière fois la douce langue de son berceau : « Je n'ai
« pas voulu souiller mon âme ! »

Messieurs, je sens que mon cœur est trahi par ma parole, que ma parole refroidit sur mes lèvres ce qui tant m'échauffe le cœur.

O Jean Reboul, douze ans tu fus ici-bas notre ami et notre père, notre aide, notre conseil et notre modèle ; douze ans avec toi et te vénérant, nous avons marché sur ton chemin, qui est le droit chemin ! Là où tu es maintenant avec ton Ange, qui est venu te chercher ; du sein de la gloire véritable, couronne de ta foi, qui n'a jamais défailli, — de ta charité, qui a brûlé sans cesse, — de ton espérance, toujours ferme ; dans l'éternel ravissement, dont tes œuvres ont des reflets si beaux, et que tu pressentais et désirais pour te maintenir dans la vérité, dans ta force, ta fita fidelita e toun ounour ; di pèd de Diéu, qu'as servi e que t'a paga, — o Jan Reboul, benesisse nosto Causo, e ispiro de countùnio ti Felibre prouvençau.

Nimes, 17 Mai 1876.

délité et ton honneur ; aux pieds de Dieu, que tu as servi et qui t'a payé, ô Jean Reboul, bénis notre Cause, et inspire toujours tes poëtes provençaux.

Nîmes, 17 de Mai, 1876.

Avignon, Typ. Fr. Seguin aîné, rue Bouquerie 13.

www.ingramcontent.com/pod-product-compliance
Lightning Source LLC
Chambersburg PA
CBHW060634050426
42451CB00012B/2594